Må jeres hjerte blomstre

En tale af

Sri Mata Amritanandamayi

Ved Parlamentet for Verdens Religioner

September 1993

Mata Amritanandamayi Center, San Ramon
Californien, Forenede Stater

Må Jeres hjerte blomstre
En tale af Sri Mata Amritanandamayi
ved Parlamentet for Verdens Religioner
Chicago, 3 september 1993

Forlag:
  Mata Amritanandamayi Center
  P.O. Box 613, San Ramon, CA 94583
  Forenede Stater

——— May your Hearts Blossom (Danish) ———

© 2002 Mata Amritanandamayi Mission Trust,
Amritapuri, Kerala 690546, India
Alle rettigheder forbeholdes. Ingen del af denne udgivelse
må opbevares i nogen form for databasesystem. Der må
heller ikke transmitteres, kopieres, gengives, afskrives eller
oversættes til noget sprog, i nogen form, uden forudgående
tilladelse fra udgiveren.

Første udgave af Mata Amritanandamayi Center: april 2016

Danmark:
  www.amma-danmark.dk
  info@amma-danmark.dk

India:
  www.amritapuri.org
  inform@amritapuri.org

Indhold

Et portræt af den Guddommelige Moder	5
Det andet Parlament for Verdens Religioner	9
Forsamlingen af præsidenter	13
Indledning	15
Som Ganges flyder	20
Må jeres hjerte blomstre	21
Sanatana Dharmas strålende arv	48
Sanatana Dharmas budskab	54
Mod en Global Etik	61

Et portræt af den Guddommelige Moder

Her er en mystiker, der er tilgængelig for alle og enhver, med hvem man kan samtale, og i hvis nærhed Gud kan mærkes. Hun er ydmyg, men urokkelig som selve jorden. Hun er jævn og ligefrem og dog smuk som fuldmånen. Hun er legemliggørelsen af kærlighed, sandhed, forsagelse og selvopofrelse. Ikke blot underviser Hun, men i hvert eneste øjeblik af sit liv, efterlever Hun selv det, Hun underviser i. Hun er giveren af alt og modtageren af intet. Hun er en stor mester og en stor moder. Således er Mata Amritanandamayi Devi.

Moder blev født med fuld erkendelse om den

højeste sandhed. Efter at have gennemgået eller udfoldet den strengeste åndelige disciplin, (vi ved ikke hvilken), omfavnede Hun hele verden med en kærlighed og medfølelse af ufattelige dimensioner – den kærlighed og medfølelse der er selve Hendes essens og væren.

Helt fra sin spæde barndom brændte kærligheden til Gud i Hende. Uden en guru eller vejleder fordybede Hun sig i at søge Den Guddommelige Moder og Fader. Hun modstod den konstant daglige hårde behandling fra familien, landsbyboere og skeptikere, der alle var ude af stand til at fatte Hendes medfødte storhed. Alene, midt på denne slagmark, med et urokkeligt mod og med en vedblivende kærlighed og tålmodighed overfor alle, konfronterede Hun roligt alting. I en alder af 21 år manifesterede Hun udadtil sin enhed med Det Højeste og begyndte som 22 årig at indvie dem, som søgte Sandheden i det spirituelle liv. Ved 27 års alderen havde Den Guddommelige Moder grundlagt det åndelige hovedkvarter for sin internationale bevægelse i det hus, hvor Hun blev født. Fem år senere var der hen ved 20 ashram filialer over hele Indien samt i udlandet. Og i 1987, som svar på en invitation fra Hendes hengivne i Amerika og Europa, gennemførte Den Guddommelige Moder sin første turné, hvor utallige mennesker over hele verden fyldtes med inspiration og begejstring. Hun var da 33 år gammel.

Hele Ammas liv er uden sammenligning et eksempel på uselvisk, ubetinget kærlighed. Gennem årtiers utrættelig tjeneste har Amma overalt på jorden personligt rådgivet og trøstet millioner af lidende mennesker fra alle samfundslag. Med sine hænder tørrer Moder deres tårer bort og fjerner byrden af deres bekymringer. Den personlige kontakt, hjertevarmen, medfølelsen, ømheden og den dybe deltagelse, Amma hele tiden udviser overfor alle, den stærke åndelige udstråling, uskyld og elskværdighed, der er så naturlig for Hende, er alle umiskendelige og enestående træk. For Moder er hvert eneste væsen i dette univers Hendes eget barn. Som Moder Selv har sagt:

> *"En ubrudt strøm af kærlighed flyder fra Amma imod alle væsener i universet. Dette er Ammas medfødte natur."*

Det andet Parlament for Verdens Religioner

1993

"Selvom forskellige strømme udspringer fra forskellige kilder, blander alle deres vand i det samme hav. Oh, Herre, de forskellige veje som mennesker går, forskelligartede som de kan synes, fører alle til Dig."

- Atharva Veda

Ånden i alle religioner er den samme ene. De deler de samme fundamentale værdier. De deler en fælles interesse for alle væseners universelle sundhed og trivsel, og en respekt for at alt liv er helligt.

Hinduerne betragter alle væsener som guddommelige; de Kristne forkynder universel kærlighed; Shintoisterne ærer hver enkelts liv og rettigheder; Jainisterne erklærer alt liv for indbyrdes forbundet og gensidigt understøttende. Sikherne hævder, at det at tjene alle er at tilbede det Guddommelige; Koranen bekræfter hele menneskehedens lighed og enhed; og Buddha siger, at de karakteristiske træk ved hver eneste sand religion er god vilje, kærlighed, indre renhed og godhed.

Alligevel er der gennem tiderne udkæmpet flere slag og udgydt mere blod på jorden i religionernes navn, end af nogen som helst anden grund.

Religionernes første Parlament blev holdt i Chicago i 1893. Det markerede de første samlede anstrengelser for at bringe alle de forskellige religioner til en fælles forsamling, hvor ledere og repræsentanter fra alle trosretninger fik mulighed for at kommunikere og dele deres opfattelser. Ved denne første konference undersøgte de mulighederne for religiøs tolerance og harmoni samt måder, hvorpå de kunne samarbejde for at løse de brændende problemer, der plager menneskeheden.

Parlamentet i 1893 for Verdens Religioner havde 400 deltagende mænd og kvinder, der i alt repræsenterede 41 religiøse trosretninger. Det var dér katolicismen og jødedommen blev anerkendt som væsentlige amerikanske religioner, og hvor hinduismen og buddhismen første gang blev introduceret til vesten. Og det var ved denne lejlighed, at Indiens gamle kultur, filosofi og tro opnåede bred anerkendelse gennem Swami Vivekanandas kraftfulde tale.

Parlamentet for Verdens Religioner - 1993

Hundredårsforsamlingen for det første Parlament for Verdens Religioner blev også afholdt i Chicago fra 28. august til 4. september 1993. Over 6.500 delegerede, som repræsenterede omtrent 125 af verdens religioner deltog i det store Parlament – blandt dem omkring 600 af verdens åndelige ledere.

Efterhånden som deltagerne koncentrerede sig om den samstemmighed, der eksisterer iblandt deres religioner, blev der, i modsætning til det første Parlament, lagt større vægt på tvær-religiøse samtaler end på individuelle taler. Man enedes om, at religion bør integreres med videnskab, spiritualitet og andre af dagligdagens praktiske aspekter, og at mennesker fra alle trosretninger bør opmuntres til at dele frugterne af det, de har opnået med dem, der er ringere stillet.

Hvor det første Parlament resulterede i en accept af jøder og katolikker som en del af den religiøse hovedstrøm, samt en begyndende åbning overfor østens religioner, markerede dette andet Parlament disse andre traditioners og trosretnings voksende anerkendelse og indflydelse. Parlamentet udviste et strålende eksempel ved sin fremvoksende religiøse mangfoldighed.

I løbet af det otte dage lange Parlament blev

der afholdt hen ved 800 programmer, blandt dem taler, seminarer, tvær-religiøse debatter, meditationsundervisning og kulturelle forestillinger. Der blev også skabt muligheder for gensidig deltagelse i religiøse ritualer og højtideligheder.

Parlamentet behandlede mange af de kritiske problemer, menneskeheden nu står overfor. Forureningen af miljøet og den atomare trussel, den voksende afstand mellem rig og fattig, racisme, undertrykkelse og den skiftende rollefordeling for mænd og kvinder – dette var nogle af de emner, der blev betragtet og diskuteret.

Den overvældende succes for det andet Parlament for Verdens Religioner var i sig selv en bekræftelse på det budskab om harmoni og samarbejde, der er verdensreligionernes inderste kerne.

Parlamentet markerede et stort skridt frem imod det mål, som det ved begyndelse så for sig: *"Formålet med Parlamentet har aldrig været udelukkende at fejre en skelsættende begivenhed i verdenshistorien, men snarere at tilføre en frisk stemme og dimension til bevægelsen af troende på tværs af trosgrænser, at udforske nye veje til varig fred og at forme en vision for det nye århundrede."*

Forsamlingen af præsidenter

En betydningsfuld bedrift af dette andet Parlament, var dannelsen af en kernegruppe af verdens mest indflydelsesrige religiøse ledere – en forsamling bestående af 25 præsidenter, der repræsenterer alle væsentlige trosretninger. I dagene mens Parlamentet stod på, mødtes denne gruppe privat, for at diskutere de problemer verden står overfor, foreslå løsninger og fastsætte en global etik.

Man forestillede sig, at denne kernegruppe skulle fungere som en slags åndelig Forenede Nationer: Uanset hvor og hvornår en konflikt, der skyldes religiøs intolerance dukker op i verden, vil gruppen bruge sin kollektive indflydelse og åndelige tyngde til at finde en fredelig løsning. De vil prøve at vise verden, at religion kan og bør være en kilde til harmoni, i stedet for en kilde til strid.

Den Guddommelige Moder Amritanandamayi Devi blev valgt som én af de tre præsidenter, der skal repræsentere den hinduistiske tro, hvor de andre to præsidenter er Swami Chidananda Saraswati (præsident for Divine Life Society) og Sivaya Subramuniya Swami (åndelig leder af Saiva Siddhanta Church og udgiver af Hinduism Today).

Denne ansete forsamling af præsidenter, som repræsenterer mange forskellige retninger, vil bestræbe sig på, ikke blot at udbrede og fremme en dialog imellem troende på tværs af trosgrænser, men også at føre menneskeheden til en ny æra med harmoni og fred.

Indledning

Den 3. september 1993, ved et hundrede års samlingen for Parlamentet for Verdens Religioner, talte Moder om det store behov for kærlighed og medfølelse, der er i nutidens verden.

Længe inden Moders ankomst til the Grand Ballroom i Chicagos Palmer House Hotel, havde flere hundrede mennesker i tavs spænding samlet sig foran de store dobbeltdøre. De, der således blandede sig med hinanden, var en samling mennesker fra alle dele af verden, der var kommet til Chicago for at deltage i Parlamentet. Nogle var iklædt kåber fra forskellige munkeordener og andre bar deres lands nationaldragt, men de fleste havde forretningstøj eller var i civil påklædning og faldt sammen med den gængse Chicago-påklædning. Blandt mængden var der pressefolk fra en mangfoldighed af media, sikkerhedsfolk der kæmpede for at fastholde menneskemængdens fortsatte bevægelse fremad, og selvfølgelig Moderens hengivne, hvis ansigter lyste i forventning om Hendes ankomst. Mange bemærkede, at intet andet Parlamentsmedlems tilsynekomst havde tiltrukket nær så mange mennesker.

Atmosfæren sitrede af dæmpet forventning, mens menneskene i denne store, fyldte balsal afventede tilsynekomsten af "en af det nyere Indiens mest ærede åndelige lærere".

Moder ankom fra scenens ene side iført sin traditionelle hvide sari og en strålende blomsterkrans. På sin sædvanlige måde bøjede Hun sig for alle, der var kommet og satte sig på den plads, der var arrangeret specielt til Hende. Hvem kunne have forestillet sig, at denne beskedne kvinde, som ydmygt bøjede sig for alle de formelle gæster i Palmer House Hotellets store balsal, snart skulle udtrykke det, der brænder i alles hjerter – den latente længsel efter sjælens genkomst.

I løbet af alle de formelle aktiviteter og forhandlinger, var der hele tiden noget uskyldigt og barnligt over Amma. Inden Hun begyndte sin tale, fortalte Hun, at det ikke var Hendes måde at holde taler, men at Hun ville sige nogle få ord om ting, Hun havde oplevet i sit eget liv. Så begyndte Hendes tale – lige så lysende og klar, som den blomsterkrans hun bar, med hver pointe smukt forbundet med det næste.

I sin tale lagde Moder vægt på det påtrængende behov, der er for at få de religiøse principper integreret i vores liv. "Religionens sprog er kærlighedens sprog. Men det er et sprog, den moderne verden har glemt. Det er den bagvedliggende årsag til alle eksisterende problemer i nutidens verden. I dag kender vi kun til den begrænsede, selviske kærlighed. Transformation af denne begrænsede kærlighed til guddommelig kærlighed er religionens mål. I den sande kærligheds store fylde, blomstrer medfølelsens smukke og duftende blomst." Dette var grundtonen i Hendes tale. Med Sin karakteristiske enkelhed og veltalenhed fik Moder religionens virkelige ånd frem og gjorde rede for dens evige principper på en måde, der passer til nutidens verden.

Igennem hele Sin tale lagde Moder vægt på behovet for at lade religion blive en balsam for lidende mennesker, frem for en grobund for egoisme og rivalisering. I en time sad folk tryllebundet, og ved talens afslutning såes flere følelsesmæssige udbrud, såsom journalister med tårer i øjnene, og helt fremmede der forlod deres pladser, for at komme op til Moder.

På Hendes egen uforlignelige måde var Moder, efter at have gjort sig fri af formaliteterne ved sin tale, i gang med at give darshan.

Med en inderlig længsel efter at få del i denne guddommelige ånd, der så fuldstændigt bevægede og inspirerede dem, bevægede folk sig fremad mod Moder som trukket af en magnet. Amma hilste på så mange Hun kunne, og nænsomt omfavnede den ene efter den anden indtil de, desværre måtte gå efter blot en halv time, for at give plads til, at programmet kunne fortsætte.

Ved sin blotte tilstedeværelse havde Moder udstrålet essensen af ordene og løfterne, idéerne og hensigterne bag Parlamentet for Verdens Religioner og levendegjort dem.

John Ratz, en PR-konsulent, kom med denne indsigtsfulde bemærkning, mens han reflekterede over påvirkningen af de taler, der blev holdt i løbet af Parlamentets møder: *"Alle andre talere havde behandlet emnerne religion og spi-*

ritualitet som to vidt forskellige størrelser. Derimod trængte Ammas stærke ord helt ind til religionens og spiritualitetens inderste kerne, fjernede modsigelserne, byggede bro over afstanden og frembragte en harmonisk blanding af begge dele, hvorved selve deres essens blev åbenbaret. Det var én af de stærkeste og mest betydningsfulde taler."

Som Ganges flyder

Ammas tale var som Ganges flyder. Amma talte fra den transcendente åndelige lyksaligheds højeste tinde, mens Hun lod andre drikke, bade og svømme i sin uendelige bevidsthed, som gennem Hendes smukke og uimodståelige ord, strømmede ud over alle.

Efterhånden som Amma, selve legemliggørelsen af universel kærlighed og medfølelse, talte, var det som om en dyb fred gennemtrængte rummet. Hendes tale var intellektuelt overbevisende og havde samtidig en enorm healende kraft, en stor rensende effekt.

Mennesker fra alle samfundslag sad som tryllebundet under hele Ammas tale i Palmer Houses tætpakkede balsal. Men da talen var forbi, flød hjerterne over hos folk, mens de styrtede op imod Amma for at modtage Hendes darshan. Det var en stor og uforglemmelig begivenhed.

Swami Amritaswarupananda

Må jeres hjerte blomstre

En tale af

Sri Mata Amritanandamayi

Ved Parlamentet for Verdens Religioner
September 1993

Vær hilset alle, der er kommet her i dag – I, der er legemliggørelsen af Den Højeste Kærlighed. Ord kan ikke udtrykke den taknemmelighed, som Amma føler overfor de oprigtige organisatorer, der ved deres store indsats har sørget for, at denne yderst gavnlige konference kunne blive til. Selv om de lever midt i nutidens yderst materialistiske verden, har de helliget sig organiseringen af denne konference, der bygger på religionens opløftende og støttende værdier.

Må jeres hjerte blomstre

Ved deres hårde arbejde og store anstrengelser, har de sat et eksempel af uselvisk tjeneste, som hele verden har mulighed for at drage nytte af. Ved en sådan godhed i hjertet, kan Moder intet mere sige og bøjer sig i ydmyghed.

Ammas måde er ikke at holde foredrag. Dog vil Amma sige lidt om de ting, Hun har oplevet i Sit eget liv. Amma beder om jeres tilgivelse, hvis der skulle være fejl i noget af det, Hun siger.

Religionen er den tro, som til sidst kulminerer i den viden og oplevelse, at vi selv er den almægtige Gud. At føre mennesket til erkendelsen af sin egen sande tilstand af Guddommelighed, at transformere mennesket til Gud, det er målet og formålet med Sanatana Dharma, Indiens "Evige Religion", almindelig kendt som Hinduismen. Lige nu er den mentale sø i oprør på grund af tankens bølger. Når disse bølger stilnes og dør ud, vil det ubevægelige, underliggende lag, der stråler frem, være religionens essens, det primære subjekt og mål for Advaita filosofien (ikke dualitet). Dette ubevægelige, uforanderlige princip er selve Sanatana Dharmas fundament. Den hellige skrifts maksime: "Aham Brahmasmi" (Jeg er Brahman, Absolut

Bevidsthed) vidner om den subjektive oplevelse af det ikke delte Selv.

"Jeg er Hindu", "jeg er Kristen", "jeg er Muslim", "jeg er ingeniør", "jeg er læge" – det er sådan alle taler. Det navnløse, formløse, allestedsnærværende princip, der er fælles i alle, som "Jeg'et" er Atman (Selvet), Brahman (Det absolutte) eller Ishwara (Gud). At fornægte Guds tilstedeværelse er at fornægte sin egen tilstedeværelse. Det er som at sige med sin tunge: "Jeg har ingen tunge." Gud er tilstede i hver eneste af os, i alle væsener, i alle ting. Gud er som rummet, og rummet er overalt. Hele skabelsen eksisterer i rummet. Lad os antage, at vi bygger et hus. Rummet er der, inden huset bliver bygget. Og efter opførelsen er huset tilstede i dette samme rum. Selv efter at huset rives ned, vil det samme rum blive tilbage. Således er også Gud. Han eksisterer, uforanderlig, i fortid, nutid og fremtid.

Du vil måske undre dig: "Hvis Gud er allestedsnærværende, hvorfor kan jeg så ikke se Ham"? Elektricitet kan ikke ses, men rør ved en strømførende ledning, og du vil opleve den. På lignende måde, for at kende Gud, må Han opleves. Stil dig bag et træ og prøv at kigge på solen. Du ser ikke solen, vel? Du siger måske, at træet dækker for solen, men således er det ikke. Solen kan ikke tildækkes. Øjets syn er begrænset, derfor ser du ikke solen. Ligeledes, selvom Gud er alle vegne, forhindrer vores begrænsede syn os i at se Ham. Holdningen "jeg" og "mit" har blokeret vores syn og bundet vore sind.

Sanatana Dharma beder os ikke tro på en Gud, der sidder på en gylden trone højt oppe over skyerne. Gud er ikke et begrænset væsen. Gud er allestedsnærværende, almægtig og alvidende. Gud er Livets Princip og Bevidsthedens Lys inden i os. Gud, der er ren Lyksalighed, er sandelig vort eget Selv.

Alene sindet er årsag til menneskets trældom og frihed. Religion er det princip, der frigør sindet fra forskellige tanker og følelser, og fra dets afhængighed af ydre genstande. Den hjælper sindet til at nå en tilstand af evig frihed eller uafhængighed. Det er holdningen "jeg" og "mit", der gør os afhængige. Efterlevelsen af den sande religions principper er vejen, der vil føre til elimineringen af egoet.

Vi kan ikke forvente at finde lykke og fuldkommenhed i verden. Og dog anstrenger mennesker sig hele tiden på at finde dem i verden. I løbet af årene har mange kvinder sagt til Amma: "Oh Amma, jeg er fyrre år og stadig ugift. Jeg har ikke kunnet finde en egnet mand." Mændene beklager sig også og siger: "Amma, jeg har søgt min drømmebrud. Men jeg har ikke været i stand til at finde hende." Deres forhåbninger brister og de bliver modløse. Det minder Amma om en historie.

Der var engang to venner, der mødtes i en restaurant. Den ene fortalte den anden, at hans ægteskab var blevet arrangeret og inviterede sin ven til brylluppet. Han spurgte så vennen, om han selv havde tænkt på at gifte sig. "Ja", svarede vennen, "jeg var ret opsat på at gifte mig og drog ud for at finde den perfekte hustru. Jeg mødte en kvinde i Spanien. Hun var smuk, intelligent og åndelig inspireret, men hun havde ingen kendskab til verden, og derfor kunne jeg ikke tænke på at gifte mig med hende. I Korea mødte jeg en anden kvinde. Hun var en skønhed, intelligent og havde både verdslig og åndelig indsigt, men jeg kunne ikke kommunikere med hende. Så endnu engang fortsatte jeg eftersøgningen. Til sidst, i Afghanistan mødte jeg kvinden, jeg havde drømt om. Hun var perfekt på alle måder. Jeg kunne endda kommunikere med hende." Her brød den første fyr ind og spurgte: "Giftede du dig så med hende?" "Nej" kom svaret fra hans ven. "Hvorfor dog ikke?" spurgte den første. "Fordi hun selv var i gang med at lede efter den perfekte mand".

Hvad er det mennesker bønfalder om? Er det ikke fred og lykke, de higer efter? Folk søger her og dér efter fred i sindet. Men fred og stilhed er forsvundet fra jordens overflade. Vi er meget opsatte på at tage imod den ydre verden med alle dens fysiske behageligheder. I mellemtiden er vores tanke- og følelsesverden blevet et levende helvede. Der er mere end rigeligt af komfort i den moderne verden. Der er ingen mangel på biler eller værelser med aircondition. Disse bekvemmeligheder kan fås overalt på jorden. Men det er en skam, at de der opholder sig i dem, stadig ikke har fred i sindet. Mange af dem kan ikke sove uden hjælp fra piller. Sindets uro og anspændthed er blevet så ustyrligt, så uudholdeligt, at en del mennesker begår selvmord, selvom de lever i et væld af luksus i deres luftkonditionerede lejligheder. De, der udviser så stor interesse i at luftkonditionere deres biler og huse, burde satse mere på at luftkonditionere deres eget sind. Det er, hvad der er brug for, for at opnå virkelig lykke.

Tilfredshed og lykke afhænger udelukkende af sindet, ikke af ydre genstande og omstændigheder. I virkeligheden er lykke afhængig af selvkontrol. Både himlen og helvedet skabes af sindet. Selv den højeste himmel bliver til et helvede, hvis sindet ophidses, hvorimod selv det dybeste helvede bliver en lyksalig bolig for det menneske, der har fået et stille og fredfyldt sind. Religion er den videnskab, der lærer os, hvordan vi kan leve et glædesfyldt og lyksaligt liv, mens vi stadig virker i denne forskelligartede verden.

Der er behov for tro og vågenhed i verden i dag

Nu til dags er vores tro som et kunstigt ben – den har ingen vitalitet. Vi har intet inderligt, tillidsfuldt forhold til den, for den er aldrig blevet ordentlig rodfæstet i vore liv.

Denne tidsalder er videnskabelig. Intellekt og forstand har nået store højder. Overraskende nok har de intellektuelt set mest udviklede mennesker stadig stor tillid og tiltro, men kun til biler, TV, boliger og computere – alt sammen noget, der i næste øjeblik kan gå i stykker eller ødelægges. Vi er stærkt knyttet til disse ting og til de mange små behageligheder, som de tilbyder.

Bliver de beskadiget eller holder de op med at virke, skynder vi os at få dem repareret. Alligevel fatter vi ikke, at det faktisk er os selv, der har allermest behov for reparation. For vi har mistet tilliden til os selv. Vi har mistet tilliden til hjertet og dets blide følelser. Et menneske, der udviser stor tålmodighed ved reparationen af sin computer eller sit TV, har ingen tålmodighed, når det gælder om at genskabe harmonien i sit eget liv.

Mørket er langsomt ved at opsluge hele verden. Det er et ynkeligt billede, der ses overalt. Efter at have ødslet al deres energi og vitalitet på at styrte efter ting, der kan fornøje og behage, er folk ved at bryde sammen. Mennesket er gået ud over de rimelige grænser, naturen har sat. Det betyder ikke, at man ikke bør nyde de fornøjelser, verden tilbyder. Det er i orden. Men forstå denne store sandhed, at den morskab og glæde man får fra sanselig fornøjelse og verdslige ting, er blot et ubetydeligt genskær af den uendelige lyksalighed, der strømmer fra dit eget indre Selv. Vid at din sande natur er lyksalighed. Ligesom dagens avis bliver til morgendagens affald, kan det som i dag giver glæde nemt være årsag til morgendagens sorg. At forstå denne sandhed mens vi lever i verden, er hvad religionen lærer os.

Sindet kan sammenlignes med et pendul. Ligesom den uophørlige bevægelse af urets pendul, svinger sindets pendul med mellemrum fra lykke til sorg og tilbage igen. Når urets pendul bevæger sig til én yderlighed, er den kun ved at samle tilstrækkelig kraft til at svinge tilbage til den anden ende. På samme måde – når sindets pendul bevæger sig mod lykke, er det kun ved at samle kraft til at nå den anden pol – sorgens. Sand fred og sand lykke kan kun opleves, når sindets pendul holder helt op med at svinge. Fra den stilhed følger en virkelig fred og lyksalighed. Denne tilstand af fuldkommen stilhed er sandelig livets essens.

Religionen beder os være uophørligt årvågne. En fugl, der sidder på en lille kvist ved, at hvert andet øjeblik, ved den mindste vind, kan kvisten under den knække. Derfor er fuglen hele tiden på vagt, klar til at flyve. På samme måde støtter vi os alle til verdens ting og sager, der ligeledes kan bryde sammen i næste øjeblik. Folk spørger så: "Fortæller du os nu, at vi skal forlade denne verden, tage til et afsides liggende sted og sidde ubeskæftigede med lukkede øjne?"

Nej, sådan er det ikke. Var ikke dovne og sløve. Udfør de pligter, I har i verden. Kast jer ud i arbejdet. I kan arbejde for at tilegne jer rigdomme og for at nyde livet, men prøv at huske på, at alt dette arbejde med at anskaffe, eje og bevare, er som at beholde en kam til en skaldet isse. Uden hensyn til tid og sted, vil døden overvinde os og berøve os alt, hvad vi har. Når døden indtræder, må vi efterlade alt. Ingen og intet vil komme og hjælpe os. Derfor vejleder religionen os: "Forstå – formålet med dette dyrebare liv er ikke blot at nære kroppen, men at udvikles til en tilstand af fuldkommenhed."

Hvis en person lever et liv i fuld forståelse for verdens flygtige natur, kan han eller hun stadig, med kærlighed omfavne livet, uden at bryde sammen eller miste modet, når som helst vanskelighederne melder sig. En person der ikke har lært at svømme, er i det oprørte havs magt. Dets bølger kan nemt overmande ham og trække ham ned i dybet. Derimod, for den, der kan svømme, er det en herlig leg at boltre sig i havet. Han lader ikke sådan bølgerne kaste rundt med ham.

På lignende måde er livet, med dets forskelligartede og modsætningsfyldte natur, et herligt spil for den, der forstår sig på livets foranderlighed. Han kan med samme syn se smilende på livets negative og positive oplevelser. Men for dem, der ikke har denne indsigt, bliver livet en uudholdelig byrde fyldt med sorg. De sande religiøse principper bibringer os styrke og mod til at imødegå livets vanskeligheder med et sind, der er roligt og i harmoni. Religionen baner vejen til at omfavne dette liv med endnu større glæde, oplagthed og selvsikkerhed. For den, der virkelig har tilegnet sig religionens principper, er livet som et uskyldigt barns lykkelige leg.

I nutidens verden prøver man at bedømme religiøse principper, ved at observere bestemte personers handlinger, udført i religionens navn. De dømmer derefter al religion, ud fra nogle enkeltes misgerninger. Det er som at smide barnet ud med badevandet. Det er som at fordømme al medicin og alle læger, ud fra en enkelt læges forkerte recept. De enkelte mennesker er nogle gange gode, og andre gange slette. De har svagheder og kan savne skelneevne, men det er forkert at gøre de religiøse principper ansvarlige for disse enkeltpersoners fejl og svagheder.

Det er efterlevelsen af de religiøse principper, der fylder det menneskelige liv med vitalitet og kraft. Uden religion og tro ville livet på Jorden være hult. Som et lig, der prydes med den skønneste dragt, ville livets skønhed og fornøjelser kun være overfladiske. Uden religion bliver vore sind stivnede og golde. Det er kun fordi mennesket har tilegnet sig, i det mindste en smule religion og spiritualitet, at vore liv stadig har en vis skønhed, vitalitet og harmoni.

Religionens stilling er i dag på retur

Religion indeholder livets væsentlige principper, hvor egoisme og snævertsynethed bliver udelukket. Men undertiden bliver den selv samme religion, på grund af mangel på en dybere forståelse, et udklækningssted for disse negative egenskaber. På grund af egoisme, smålighed og konkurrence opstår der uenigheder. De kommer, fordi mennesker ikke har været i stand til at tage essensen af religionen til hjertet.

I dag er der tusinder, der er parate til at dø for deres religion, men ingen der er villige til at leve efter dens principper. Mennesker er ikke klar over, at religion er noget, der må efterleves. De glemmer, at den skal tilegnes og udøves i vore daglige liv.

"Min religion er den bedste! Min religion er

den største!" siger én. "Nej, det er min religion, der er den bedste og største!" siger en anden. Således fortsætter det højrøstede skænderi. På grund af denne indsnævrede opfattelse samt al den misundelse, der er til, er religionens sande essens og budskab gået tabt for mennesket.

Ved at tænke på de uoverensstemmelser, der i dag findes imellem religionerne, bliver Amma mindet om en historie. Engang var to patienter indlagt på samme hospital, men på forskellige afdelinger. Hver især blev passet af familien. Patienterne var meget syge og græd fortvivlet af smerte. Et familiemedlem fra hver drog af sted for at skaffe noget meget nødvendig medicin. Da de vendte tilbage til hospitalet, mødtes de i en snæver passage ved en dør, hvor der kun var plads til én person ad gangen. Hver især ville de igennem døren før den anden, og ingen af dem ville vige. Begge forlangte at være først, og et stort skænderi begyndte. Mens patienterne skreg af uudholdelig smerte, fortsatte deres slægtninge med at slås – hver stadig med medicinen fastklemt i hånden. Vi finder ofte tilhængere af de forskellige religioner i færd med at spille disse to slægtninges roller. De er blændet af deres tros ydre pragt og er ikke i stand til at fatte den sande essens og ånd. I stedet for at bevæge sig mod Gud, trækker de sig faktisk nedad i religionens navn.

Dette er religionens ynkelige tilstand i den moderne tidsalder. Grundet denne ubøjelige og konkurrenceprægede holdning, har mennesker hverken tålmodighed eller overbærenhed og har mistet evnen til at elske.

Alle medlemmerne i en familie vil sandsynligvis ikke have samme natur eller være af sammen mentale kaliber. Måske vil der være én, der handler og taler uden hæmninger eller som bliver meget ophidset, og derved skaber uro i hele huset. Men i den samme familie kan der være en anden, hvis natur er stille og rolig. Han er måske en person, der er begavet med ydmyghed, en præcis skelneevne og kan se meget klart. Spørgsmålet er så, hvem eller hvad opretholder familiens integritet og harmoni? Uden megen overvejelse kan man nemt svare, at det er sidstnævntes kvaliteter af ydmyghed, skelneevne og godhed, der holder sammen på familiens medlemmer. Èn persons vrede og mangel på skelneevne afbalanceres af en anden persons ro, ydmyghed og klogskab. Havde karaktertrækkene hos det vrede og uligevægtige familiemedlem været fremherskende i familien, var den blevet opløst for længe siden. På samme måde, selv om verden i dag står overfor en enorm trussel, er det De Store Sjæles (Mahatmas) tålmodighed, kærlighed, medfølelse, opofrelse og ydmyghed, der opretholder og bevarer verdens harmoni og integritet. Mørket i vores tidsalder kan fjernes fuldstændigt ved, at der i hver familie er mindst ét medlem, som går ind for og er villig til at overholde de essentielle principper i den sande religion.

Når vi virkelig lever os ind i religionens ånd, bliver andres sorg og lidelse vores egen. Medfølelse opstår, og vi bliver i stand til at føle med andres smerte og ulykke. Kun gennem oplevelse af enheden med Selvet kan vi mærke virkelig medfølelse og deltagelse.

Amma vil fortælle en historie. En person, som boede i en lejlighed, led af kræft. På grund af sin sygdom græd han og havde stærke smerter. Han var så fattig, at han ikke engang havde penge til noget smertestillende medicin, der kunne lette lidt på den voldsomme smerte. På samme tid var der, i en tilstødende lejlighed, en anden person i gang med et formålsløst tidsfordriv, ved at søge fornøjelse gennem alkohol, stoffer og løs sex. Hvis han nu, i stedet for at spilde sine penge på at ødelægge sig selv, havde brugt dem på at hjælpe den stakkels mand inde ved siden af, var den syge mands lidelser blevet mildnet. Desuden ville hans egen selviskhed og selvdestruktive tendenser være ophørt. Det er vores pligt overfor Gud at udvise medfølelse overfor mennesker, der er fattige eller som lider. Kun den slags kærlighed, medfølelse og hensyntagen vil føre til harmoni i verden.

Hvis vi ved et uheld kommer til at stikke en finger i øjet, straffer vi så fingeren? Nej, vi prøver simpelthen på at mindske smerten. Hvorfor straffer vi ikke fingeren? Fordi begge dele er en del af os – de er begge vores. Vi ser os selv både i øjet og i fingeren. På samme måde bør vi kunne se os selv, vores eget Selv, i alle væsener. Kan vi gøre dette, kan vi nemt tilgive andres fejl. At være i stand til at elske og tilgive andre, at se os selv i dem, at se deres fejl som vore egne fejl, det er religionens sande ånd.

Guld er i sig selv smukt, skinnende og værdifuldt. Men hvis det også duftede dejligt, tænk hvor meget mere dets værdi og fortryllelse ville være! Meditation samt religiøse eller spirituelle øvelser er i sandhed værdifulde. Men, hvis man sammen med meditation og tilbedelse, også har medfølelse for ens medmennesker, bliver den som duftende guld – noget helt specielt og enestående.

Religion er livets hemmelighed. Den lærer os at elske, at tjene, at tilgive, at holde ud og med indlevelse og medfølelse at virke i samklang med vore brødre og søstre. Advaita (non-dualisme) er en ren subjektiv oplevelse. Men i dagliglivet kan den udtrykkes som kærlighed og medfølelse. Dette er den umådelige lære, som Indiens store helgener og vismænd, fortolkere af Sanatana Dharma, underviser i.

Kærlighedens og medfølelsens olle i religion

Sand religion er et sprog, der er blevet glemt af nutidens menneske. Vi har glemt den kærlighed, medfølelse og gensidige forståelse, som religionen lærer os. Den grundlæggende årsag til alle problemer, der eksisterer i verden i dag, er mangel på kærlighed og medfølelse. Al den kaos og forvirring, der er fremherskende i den enkeltes liv, samt på det nationale og internationale niveau, eksisterer kun, fordi vi er ude af stand til at efterleve de sande religiøse principper i vore daglige liv. Religionen bør blive en integreret del af livet. Den har brug for igen at blomstre frem med nyt liv og ny vitalitet. Kun da vil kærlighed og medfølelse bryde frem i vort indre. Kærlighed og medfølelse er det eneste, der kan udrydde mørket og bringe lys og renhed til verden.

Når kærlighed udvikler sig til Guddommelig Kærlighed, fyldes hjertet med medfølelse. Kærlighed er en indre følelse, og medfølelse er dens udtryk. Medfølelse er at udtrykke din inderligste bekymring for nogen – for et menneske, der lider.

Der er kærlighed og Kærlighed. Du elsker din familie, men du elsker ikke din nabo. Du elsker din søn eller datter, men du elsker ikke alle børn. Du elsker din far og mor, men du elsker ikke alle på samme måde, som du elsker din far og mor. Du elsker din religion, men ikke alle religioner. Det kan endda være, at du har modvilje mod visse andre trosretninger. På samme måde føler du kærlighed til dit land, men du elsker ikke alle lande og mærker måske en stærk uvilje overfor fremmede. Derfor er følelsen ikke sand Kærlighed, den er kun en begrænset kærlighed. Transformationen af denne begrænsede kærlighed til Guddommelig Kærlighed er målet for spiritualitet. I Kærlighedens fylde blomstrer medfølelsens skønne, velduftende blomster.

Når modstanden fra ego, frygt og følelsen af adskilthed forsvinder, kan du ikke andet end elske. Du forventer intet til gengæld for din kærlighed. Du er ligeglad, om du modtager noget – du er bare givende. Hvem der end kommer ind i Kærlighedens flod bades i den, uanset om personen er sund eller syg, mand eller kvinde, rig eller fattig. Enhver kan tage lige så mange dyp i denne flod af Kærlighed, som de måtte ønske. Om nogen bader i den eller ej, er kærlighedens flod ligeglad. Om nogen kritiserer eller misbruger Kærlighedens flod, mærker den det ikke. Den flyder blot. Når den Kærlighed flyder over og udtrykkes gennem hvert et ord og hver eneste handling, kalder vi det medfølelse. Det er religionens mål. Et menneske, der er fuld af Kærlighed og medfølelse, har erkendt religionens sande principper.

Et medfølende menneske ser ikke andres fejl. Han ser ikke deres svagheder. Han skelner ikke imellem mennesker, der er gode og mennesker, der er dårlige. Når nogen er fuld af Kærlighed og medfølelse, er han ude af stand til at trække en grænse mellem to lande, to trosretninger eller to religioner. Han har ikke noget ego. Derfor er der ingen frygt, begær eller lidenskab. Han blot tilgiver og glemmer. Medfølelse er som en passage. Alting passerer igennem den. Intet kan blive der, fordi hvor der er sand Kærlighed og medfølelse, er der ingen tilknytning. Medfølelse er Kærlighed udtrykt i hele dens fylde.

At se og føle livet i alting, det er Kærlighed. Når Kærlighed fylder hjertet, kan man se livet pulsere i og igennem hele skabelsen. "Livet er Kærlighed" – det er den lektion, religionen underviser i. Livet er her. Livet er dér. Livet er alle vegne. Der er intet andet end liv. På sammen måde er Kærligheden alle vegne. Hvor som helst der er liv, er der Kærlighed og omvendt. Liv og Kærlighed er ikke to, de er ét. Men uvidenhed om deres enhed vil dominere, indtil Erkendelsen kommer. Indtil Erkendelsen kommer, vil der fortsat være forskel imellem hjerte og intellekt. Intellekt alene er ikke tilstrækkeligt. For at opnå Fuldkommenhed, for at nå frem til livets fylde, har man brug for et hjerte fyldt med Kærlighed og medfølelse. At vide dette, er religionens og de religiøse handlingers eneste mål.

Dette er intellektets og fornuftens tidsalder, videnskabens tidsalder. Vi har glemt hjertets følelser. Et almindeligt udtryk verden over er: "Jeg er blevet forelsket". "Jeg er faldet for ham."

Ja, vi er faldet til et niveau, hvor kærligheden er bundet i selviskhed og materialisme. Vi er ikke i stand til at rejse os og vågne i kærlighed. Og skal vi endelig falde, så lad det blive fra hovedet til hjertet. At opstige til Kærlighed – det er religion.

At genskabe naturens balance

Sand religion fortæller os, at hele skabelsen er en manifestation af Gud. Er dette rigtigt, må vi både have interesse og kærlighed til naturen, lige såvel som til vores medmennesker. Skrifterne siger "Isavayamidam Sarvam" : At alt gennemtrænges af Gudsbevidsthed. Jorden, træerne, planterne og dyrene er alle manifestationer af Gud. Vi bør elske dem, som vi elsker vort eget Selv. Faktisk bør vi elske dem endnu mere end os selv, for kun gennem naturens hjælp og støtte kan menneskene leve. Det siges, at vi bør plante to træer for hvert eneste, vi fælder. Men når et stort træ erstattes af to små frøplanter, bliver naturens balance ikke opretholdt. Hvis et desinfektionsmiddel tilføres vand i en mindre dose, end den nødvendige, vil effekten blive minimeret. Hvis en Ayurvedisk medicin, der skal indeholde ti forskellige ingredienser kun fremstilles med de otte, vil medicinen ikke medføre den ønskede virkning. Alle dyr, planter og træer bidrager til naturens harmoni. Det er menneskets pligt at beskytte og bevare dem, for de er ude af stand til at forsvare sig selv. Fortsætter vi med at tilintetgøre dem, vil vi påføre verden stor skade.

Amma kan huske, at man i min barndom kom kogødning direkte på et vaccinationssted, for at forhindre infektion. Men i dag vil kogødning gøre såret betændt. På grund af de giftstoffer med hvilket mennesket har forurenet miljøet, er vores immunsystem blevet svækket og kogødning også blevet skadeligt.

Engang var livslængden for et almindeligt menneske over ét hundrede år, hvorimod det for tiden er betydelig mindre og falder stadigvæk. Der er i dag sjældne tilfælde, hvor nogle har levet i mere end hundrede år, men disse er sædvanligvis ledsaget af dårligt helbred og megen lidelse. Uhelbredelige sygdomme er blevet en almindelig ting, grundet menneskets brud på naturens love.

Hvor meget forurening er der ikke sket ved fabrikkernes røg? Moder foreslår ikke, at vi skal lukke fabrikkerne. Hun siger kun, at en del af udbyttet bør anvendes til at udvikle metoder, der vil reducere forureningen og beskytte miljøet.

I fordums tid kom regn og solskin til de rigtige tider og støttede kredsløbet af vækst og høst. Der var intet behov for kunstvanding, fordi naturen sørgede for alting. Nu til dags har vi forvildet os bort fra dharmas (den rette handlings) vej. Vi er slet ikke interesseret i naturen, og derfor reagerer naturen. Den selv samme kølige brise, der engang kærtegnede menneskeheden, er nu blevet til en tornado.

Vi kan tvivle på, om vi har kraften til at genoprette naturens mistede balance. Vi kan spørge: "Er vi mennesker ikke for begrænsede?" Nej, vi er ikke! Vi har en uendelig kraft i vores indre, men vi er faldet fuldstændig i søvn og er ikke klar over vores styrke. Når vi vågner i vores indre, stiger denne kraft op. Religionen, der er livets dybeste hemmelighed, gør os i stand til at vække denne indre ubegrænsede, men slumrende kraft.

Sanatana Dharma erklærer: "Oh menneske, du er ikke et lille stearinlys. Du er ikke afhængig af andre for lys. Du er den selvlysende sol". Så længe du tror, du er kroppen, er du som et lille batteri, hvis kraft nemt svinder ind. Men når du ved, du er "Atman", er du som et enormt batteri, tilsluttet den kosmiske krafts kilde, der forsyner dig med uafbrudt og uudtømmelig styrke. Når du er forbundet med Gud, Selvet, Kilden til al kraft, vil din energi aldrig formindskes. Du er i stand til at tappe fra dit uendelige potentiale. Vær klar over din egen umådelige kraft og styrke. Du er ikke en sagtmodig lille lampe, du er en majestætisk, kraftfuld løve. Du er den kosmiske energi, den almægtige Gud.

Børn burde undervises gennem eksemplet

Amma har hørt, at mange unge børn i vesten har skydevåben med sig i skole. Hun har fået at vide, at de endda skyder nogen, uden grund. Har du nogensinde spekuleret over, hvad der frister børn til at handle på så ondskabsfulde måder? Det er fordi de aldrig har lært at opføre sig korrekt. De har aldrig modtaget sand kærlighed og medfølelse. Mange drenge og piger er kommet til Amma og sagt: "Vores mor har ikke givet os nogen kærlighed. Vores forældre har ikke lært os, hvordan man opfører sig ordentligt. Vi har set vores mor og far slås med hinanden, lige foran øjnene af os. Når vi er vidne til den slags skænderier og selviskhed, begynder vi at føle et had overfor hele verden. Vi bliver uopdragne og egoistiske. Deres forældre, som det er meningen skal give dem de første lektioner i kærlighed og tålmodighed, er ikke i stand til at være et godt eksempel. Det er Ammas ønske, at forældre vil overøse deres børn med kærlighed og hengivenhed i de tidlige år af opvæksten. Spædbørn bør ikke ligge forsømt i deres vugger. Mødrene bør holde dem tæt ind til sig og amme dem med kærlighed og ømhed. Børnene bør undervises i de religiøse og moralske principper i løbet af deres opvækst. Forældre bør ikke skændes eller vise vrede og had I overværelse af deres børn. For gør de det, hvordan skal barnet dog så kunne lære tålmodighed og kærlighed?

Går du over en mark med blødt, grønt græs, vil der automatisk dannes en sti efter dig. Hvorimod det vil kræve utallige ture op og ned ad en stenet skrænt, for at frembringe et spor. På samme måde kan et barns karakter nemt formes. Børn har behov for kærlig pasning, men samtidig må vi ikke glemme at opdrage dem. Man skal lære dem at have tillid til Gud, ligesom kærlighed til hele skabelsen. Dette er kun muligt gennem den rigtige religiøse opdragelse.

Børn, vores primære opgave og forpligtelse i denne verden er, at hjælpe vores medmennesker. Gud behøver intet fra os. Han er til alle tider fuldkommen. At forestille sig, at Gud behøver noget fra os, er som at holde et tændt stearinlys foran solen, for at oplyse dens vej. Gud er den, der beskytter os – Han er ikke den, der behøver vores beskyttelse. En flod har intet behov for vand fra en stillestående dam. Det er snarere den stillestående dam, der har brug for flodens vand, for at kunne blive ren og klar. I dag er vores sind fyldt med urenheder, ligesom den stille, forplumrede dam. Vi behøver Guds nåde til at rense og højne os, så vi uselvisk kan elske og tjene verden.

At vise medfølelse med en lidende menneskehed, er vores forpligtelse overfor Gud. Vores åndelige søgen skal begynde med uselvisk at tjene verden. Mennesker bliver skuffet, hvis de sidder i meditation og forventer et tredje øje åbner sig, efter at have lukket de to andre. Dette vil ikke ske. Vi kan ikke lukke øjnene for verden i spiritualitetens navn og forvente at udvikle os. At skue enheden, mens man med åbne øjne betragter verden, er Åndelig Erkendelse.

Når en blomst endnu ikke er sprunget ud – dér hvor den stadig er en knop, er dens skønhed og duft endnu ikke manifesteret. Ingen er i stand til at påskønne eller nyde den. Men når blomsten springer ud, når den udbreder sin fængslende farve og form, når dens duft føres gennem luften, da vækker den glæde og begejstring overalt. På samme måde har vort hjertes blomster endnu ikke foldet sig ud. De er stadig bittesmå knopper. Hvis de derimod næres ved tilliden til Gud, ved kærlighed og medfølelse, og ved overholdelsen af religionens principper, vil vort hjertes knopper helt sikkert springe ud. Og idet de afslører deres skønhed og spreder deres vellugt, bliver de til velsignelser for verden.

Religion er ikke begrænset til skrifternes ord. Den er en måde at leve på. Dens skønhed og charme kommer til udtryk gennem kærligheden og medfølelsen hos dem, der lever i overensstemmelse med dens forskrifter. Hvad Amma end har sagt indtil nu, er det som vejledningen på en medicinflaskes etiket. Blot det at læse etiketten, vil ikke medføre helbredelse. Medicinen skal tages. Du kan ikke smage honningens sødme ved at sutte på et stykke papir med påskriften "honning". På samme måde må der kontempleres og mediteres på de principper, der står i de religiøse tekster, for til sidst at erkende dem. Lad os alle tage tilflugt ved fødderne af Den Højeste Herre og bede til, at vi må opnå tilstanden af Fuldkommenhed.

Sanatana Dharmas strålende arv

*Om morgenen den 4. september 1993
holdt Den Guddommelige Moder følgende
tale for et publikum bestående af åndelige
ledere og notabiliteter, da Hindu Vært-
skabs Komitéen ærede Hende ved at vælge
Hende, som én af de tre præsidenter for
den hinduiske tro.*

Indiens store helgener og vismænd, der var Sanatana Dharmas repræsentanter, har aldrig påstået noget som helst. Stedse forankret i den højeste tilstand af absolut fuldstændighed, fandt de det vanskeligt at udtrykke oplevelsen af den uendelige højeste sandhed i ord. De vidste, at med sprogets begrænsninger ville en fortæller aldrig være i stand til at beskrive Sandheden tilstrækkeligt. Derfor foretrak mestrene altid at forblive tavse. Dog, ud fra medfølelse med dem, der søger Gud, og dem, der famler i mørket, talte de alligevel. Men inden de talte, bad de således:

> *"Oh, Højeste Selv, må min tale være rodfæstet i mit sind; må mit sind være rodfæstet i min tale."*

De bad til Den Højeste Brahman: "Min oplevelse af Sandheden vil jeg formulere i ord. Min oplevelse af Den Uendelige sandhed er i den grad fuldstændig komplet, at ord ikke kan udtrykke den. Alligevel vil jeg prøve. Når jeg taler, giv mig da evnen til, gennem mine ord, at udtrykke og videregive sandhedens grundlæggende budskab. Lad mig ikke fordreje Sandheden."

Hver enkelt af os har pligt til at videregive denne store oplevelse, verdens helgener og vismænd har haft. Det er meget vigtigt, at vi respekterer de følelser og den tro, mennesker fra andre religioner har. Men samtidigt bør vi også lade verden vide, at den evige Sanatana Dharma ikke er begrænset til bestemte enkeltpersoner; den er en ren subjektiv oplevelse af stor betydning for hvert menneske. Hver eneste er legemliggørelsen af denne store sandhed. Sanatana Dharma tilhører ikke nogen bestemt kaste, tro eller sekt. Verden bør vide dette. I sandhed, Sanatana Dharma er en stor kilde til kraft og inspiration for hele menneskeheden. Og som sådan bør dens tilhængere hele tiden arbejde for at skabe fred og harmoni i verden. Først da vil Rishiernes (vismændenes) sankalpa (beslutning) blive til virkelighed.

Rishierne dannede ikke en særskilt religion. De lagde vægt på forskellige menneskelige værdier og åndelige sandheder. Det er grunden til, at deres bønner, ligesom den efterfølgende, omfattede hele universet:

"Om Lokah samasthah sukhino bhavantu."

Må hele verden leve i lyksalighed

"Om sarvesham svastir bhavatu
Sarvesham shantir bhavatu
Sarvesham purnam bhavatu
Sarvesham mangalam bhavatu
Om shanti shanti shanti"

Må tilfredshed være fremherskende i alle.

Må fred være fremherskende i alle.
Må fuldkommenhed være fremherskende i alle.
Må lykke være fremherskende i alle.
Fred .... Fred .... Fred ....

Engang blev en sannyasin (asket) af en enkemand bedt om at bede for sin kones sjælefred. Sannyasinen begyndte at bede: "Lad alle være lykkelige, lad der ikke være sorg, lad lykken fylde hele universet, lad enhver nå fuldkommenhed, osv." Ægtemanden, der lyttede til bønnen, blev bestyrtet ved dette. Han sagde til sannyasinen: "Swami, jeg troede, du ville bede for min kones sjæl, men ikke en eneste gang har jeg hørt dig sige hendes navn." Swamien svarede: "Undskyld, men sådan kan jeg ikke bede. Min tro og min guru har lært mig at bede for alle, for hele universet. I sandhed, kun ved at bede til gavn for hele verden vil den enkelte blive gavnet. Hvis du vander et træs grene, vil vandet være spildt. Det er kun når rødderne vandes, at næringen når frem til træets grene og blade. Kun hvis jeg beder for alle, vil din kone modtage sin velsignelse. Kun da vil hendes sjæl finde fred. Det er den eneste måde, jeg kan bede på." Swamien var så overbevist om dette, at ægtemanden ikke havde andet valg, end at bøje sig for hans ønsker. Ægtemanden sagde: "Godt! Du kan bede som du vil. Men kan du i det mindste ikke undlade min nabo i dine bønner." Dette er den fremherskende holdning blandt mennesker i dag. Vi har mistet vores evne og villighed til at dele.

Da den kolde krig mellem Rusland og Amerika sluttede, gik der over hele verden et dybt suk af lettelse. Med forpligtelsen til at afslutte fjendtlighederne, blev truslen om en atomkrig, der muligvis kunne have ødelagt verden, fjernet.

Familier, der har været adskilt af forskellige kunstige grænser, skabt af politiske ideologier, er nu for første gang blevet genforenet i den kærlighedsbånd, der altid havde bundet dem sammen.

Selvfølgelig er der enklaver af folk involveret i produktionen af ødelæggelsesvåben, folk der kun er optaget af deres egne selviske mål.

Naturens eneste formål er at opretholde skabelsen. Vi skal have tillid og tiltro til dette. Vi bør søge fredelige, alternative måder at tjene til livets ophold, i stedet for at ødelægge hinanden af hensyn til egoets selvforstørrelse.

Blot det at gå i templet, kirken eller moskéen

udgør ikke hele religionen eller tilbedelsen. Vi skal være i stand til at se Gud, Selvet, inde i os selv såvel som i alle væsener.

Dette er begyndelsen til det 21. århundrede. Lad alle de store sannyasins, åndelige ledere og Hindu Værtskabs Komitéen, der har arbejdet så hårdt for at det religiøse Parlament skulle lykkes, aflægge følgende ed - i det mindste mentalt:

"Uanset tid og sted vil vi arbejde hårdt for fred og harmoni i hele verden og for at lindre menneskehedens lidelser. Lad på denne måde Sanatana Dharmas store sankalpa blive til en levende sandhed. Og lad os være fast besluttet på at videregive denne store sandhed, samt livets uundværlige principper til alle unge mænd og kvinder. De er den fremtidige generations blomsterknopper, på vej til at springe ud og blive verdens kommende duft."

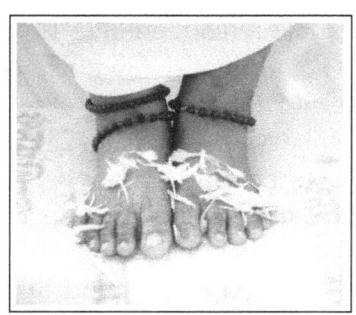

Sanatana Dharmas budskab

Det følgende budskab blev sendt af Den Guddommelige Moder via Souvenir, "Betragtninger over hinduismen", der blev udgivet af Hindu Værtskabs Komitéen til minde om 1993 Parlamentet.

Religionen giver det, som verden aldrig kan skaffe. Hvad er det, mennesket higer efter? Hvad er det, denne verden mangler mest af alt? Det er fred, ikke sandt? Intet sted er der nogen fred, hverken i det indre eller det ydre. For at leve livet fuldt ud, behøver man fred. Og man behøver kærlighed. Fred er ikke noget, der opnås, når alle ønsker opfyldes. Så længe sindet er der, vil ønsker dukke op og problemer eksistere.

Fred er noget, der opstår når alle tanker stilner af, og du transcenderer sindet.

I den transcendentale tilstand, hvori det individuelle selv smelter sammen med den uendelige bevidsthed, ophører den begrebsmæssige verden af navn og form med at eksistere. Dette er kernen i Hindu filosofien Advaita (ikke dualitet). Mennesket kan opnå den allerhøjeste tilstand af Fuldkommenhed. Sandelig, det er hans sande natur. Vi kan undre os over, hvorfor vi ikke erkender denne sandhed. Det skyldes for det meste menneskets tvangsmæssige tilknytning til verdens ydre ting. Uvidenhed om vores virkelige natur kan kun fordrives gennem sand viden. Der er kun én måde, hvorpå denne rene viden kan bryde frem, og det er ved at udføre åndelige øvelser under vejledning af en Fuldkommen Mester, én der for evigt er forankret i denne transcendentale tilstand af lyksalighed og fred.

En person fuld af fred er afslappet. Hans liv er velafbalanceret. Han er aldrig nervøs eller oprevet. Han sørger ikke over fortiden. Grundet renheden i sit syn konfronterer han roligt og intelligent enhver situation i livet. Hans sind og hans syn tilsløres ikke af unødvendige tanker. Han vil have problemer i livet, ligesom andre mennesker har, men den måde en mand i fred konfronterer dem på, vil være fuldstændig anderledes. Hans holdning vil være anderledes. Der vil være en særlig charme og skønhed ved alt, hvad han gør. Selv under de allervanskeligste omstændigheder vil han forblive uforstyrret.

Menneskesindets natur er at svinge. Som urets pendul bevæger sindet sig hele tiden fra én ting til en anden. Bevægelsen er konstant. Sindet undergår til stadighed forandringer - det ene øjeblik elsker det, det næste hader det. Sindet vil synes om noget i ét øjeblik, men vil i næste have modvilje mod selv samme ting. Nogle gange bevæger sindets pendul sig mod vrede - og så bevæger det sig mod begær. Det kan ikke standse. Det kan ikke være stille. På grund af sindets ustandselige bevægelser kan det stabile, ubevægelige, underliggende eksistensgrundlag - der er altings virkelige natur - ikke ses. Sindets bevægelser skaber uophørligt bølger, og disse bølger, disse tankekrusninger tilslører alting.

Hver tanke, hvert følelsesmæssigt udbrud og hvert et ønske er som en lille sten, der smides ind i den mentale sø. De ustandselige tanker er som krusninger på vandets overflade. Den bølgende overflade gør det umuligt for dig at se klart igennem vandet. Du tillader aldrig sindet at blive stille. Enten er der en higen efter at få et ønske opfyldt, eller også er det vrede, jalousi, kærlighed eller had. Og hvis der ikke sker noget i nutiden, kommer minderne fra fortiden snigende. Søde fornøjelser, bitre minder, muntre øjeblikke, ærgrelser, hævn - noget vil altid dukke op. Så snart fortiden trækker sig tilbage, kommer fremtiden med gyldne løfter og drømme. Sindet er hele tiden beskæftiget. Det er altid optaget og aldrig tomt.

Det, du ser, er kun overfladen. Du opfatter kun bølgerne på overfladen. Alligevel, på grund af overfladens bevægelser, tror du fejlagtigt at bunden også bevæger sig. Men bunden er stille. Den kan ikke bevæge sig. Du presser overfladens bevægelse, der er krusninger af tanker og følelser, ned over den stille bund, den underliggende grund. Bevægelsen, der stammer fra tankebølger, hører udelukkende til overfladen - den hører til sindet. Men for at se dette ubevægelige underliggende lag, må overfladen blive stille og lydløs. Krusningerne skal standses. Det er nødvendigt, at sindets pendulbevægelse bringes til ophør. At opnå denne stille og fredfyldte tilstand er religionens højeste formål.

Må jeres hjerte blomstre

Så snart denne stilhed er opnået, kan du se klart igennem overfladen. Du ser ikke længere forvrængede former. Du vil skue tilværelsens virkelige grundlag - Sandheden. Alle dine tvivl ophører. Ved dette punkt bliver du klar over, at det eneste, du hidtil har set, blot har været skygger og tåger. Religionens formål er at hjælpe dig til at skue altings virkelige natur, mens du hele tiden er forankret i selve dybden af dit eget sande Selv. I den tilstand forsvinder alle forskelle, og du ser dit eget Selv stråle i og igennem hver eneste genstand.

Kærlighed til hele menneskeheden opstår i den, der har oplevet Sandheden. I denne fylde af Guddommelig Kærlighed blomstrer medfølelsens smukke og duftende blomst. Medfølelse ser ikke andre fejl. Den ser ikke folks svaghed. Den skelner ikke imellem gode og dårlige mennesker. Medfølelse kan ikke trække en grænse imellem to lande, to trosretninger eller to religioner. Medfølelse har ingen ego. Derfor er der ingen frygt, begær eller lidenskab. Medfølelse tilgiver og glemmer simpelthen. Medfølelse er som en passage - alt passerer igennem den, intet kan forblive i den. Medfølelse er kærlighed, udtrykt i hele sin fylde.

Gud er Kærlighed - livskraften bagved hele skabelsen. Det er faktisk svært at finde en religion, der ikke betragter kærlighed til alle væsener, som den højeste faktor. Hvis religionerne overholdt dette Kærlighedsprincip, ville de forskelle, der ses i dag, blive ubetydelige. Gud forventer kærlighed, broderskab og samarbejde af Sine børn. Ved at klynge sig til deres overfladiske forskelligheder, er menneskene ved at bane vejen for sin egen selvdestruktion.

Det er meningen, at religionen skal sprede Kærlighedens og Sandhedens lys til menneskeheden. Religionen bør ikke opmuntre til særskilthed. Der er kun én Højeste sandhed, der stråler igennem alle religioner. At betragte religionen med denne holdning, bringer os nærmere Den Højeste sandhed, det hjælper os til at forstå hinanden, og det fører menneskeheden hen imod fred.

Hvor længe skal vi leve i denne verden? Ingen vil leve evigt. Alt det, som vi hævder er vores, varer ikke ved. Hvis det er sådan fat, er det så klogt at spilde dette Guds givne liv i en stræben efter kortvarige mål? De store mestre indenfor alle religioner forkynder utvetydigt, at der er et uforanderligt dybereliggende lag under denne evigt skiftende verden. Det er igennem erkendelsen af Sandheden, at udødelighed opnås. Dette er livets højeste formål.

Religionerne bør hjælpe mennesker til at udvikle et stærkt ønske om at søge evigt liv med et fast fundament af kærlighed og fred. Dette er virkelig den største tjeneste, religionen kan tilbyde menneskeheden. Gensidig kærlighed og samarbejde imellem religionerne bør være af største vigtighed i verden. Lad kærlighed, fred, samarbejde og ikke-vold være de fyrtårne, der lyser vej ind i det enogtyvende århundrede.

Dette er det livsvigtige budskab, den store tradition af indiske helgener og vismænd, og den evige hinduistiske religion (Sanatana Dharma), giver til hele verden.

Mod en Global Etik

Det følgende, er den indledende meddelelse fra "Erklæringen Om En Global Etik" - en anråb om almengyldige værdier, retfærdighed og medfølelse, som flertallet af de åndelige ledere, der deltog i Parlamentet, underskrev.

Verden er i smerte. Smerten er så gennemtrængende og presserende, at vi er tvunget til at navngive dens manifestation, så et smertens dybde kan tydeliggøres. Freden undgår os, planeten bliver ødelagt, naboer lever i frygt, kvinder og mænd fremmedgøres overfor hinanden, børn dør!

Dette er afskyeligt! Vi fordømmer misbruget

af jordens økosystemer. Vi fordømmer fattigdommen, der kvæler livets potentiale, sulten der svækker menneskets krop, den økonomiske ulighed, der truer så mange familier med ruin. Vi fordømmer nationernes manglende sociale orden, den laden hånt om retfærdighed, der presser borgerne til grænsen, det anarki der griber om sig i vore samfund, og børns vanvittige død gennem vold. I særdeleshed fordømmer vi aggression og had i religionens navn.

Men denne smerte er unødvendig. Den er unødvendig, fordi et etisk grundlag allerede eksisterer. Denne etik giver mulighed for en bedre individuel og global orden, og for at føre det enkelte menneske bort fra fortvivlelse og samfundet bort fra kaos. Vi er kvinder og mænd, der har tilsluttet os verdens- religionernes forskrifter og skikke. Vi bekræfter, at der i religionernes lære findes et fælles sæt af grundværdier, og at disse danner grundlaget for en global etik. Vi bekræfter, at denne sandhed allerede er kendt, men endnu mangler at blive efterlevet i hjerte og i handling. Vi bekræfter, at der er en uigenkaldelig, betingelsesløs norm for alle områder af livet - for familier og samfund, for racer, nationer og religioner. Der eksisterer allerede ældgamle

Parlamentet for Verdens Religioner - 1993

retningslinier for menneskelig opførsel, der kan findes i verdensreligionernes lærer, og som er betingelserne for en vedvarende verdensorden.

Vi er indbyrdes afhængige. Vi er hver især afhængige af helhedens trivsel og har derfor respekt for fællesskabet af levende væsener, for mennesker, dyr og planter og for bevarelsen af jorden, luften, vandet og jordbunden. Vi tager personligt ansvar for alt, hvad vi gør. Alle vore beslutninger, handlinger og undladelser i at handle har konsekvenser. Vi skal behandle andre, som vi ønsker de skal behandle os. Vi forpligter os til at respektere liv og værdighed, individualitet og forskellighed, så hvert menneske uden undtagelse behandles humant. Vi må have tålmodighed og accept. Vi må kunne tilgive - at lære af fortiden, men aldrig tillade os selv at være underlagt hadefulde minder. Idet vi åbner vore hjerter for hinanden, bliver vi, af hensyn til verdenssamfundet, nødt til at formindske vore smålige forskelle og øve os i at efterleve en kultur med sammenhold og slægtskab.

Vi betragter menneskeheden som vor familie. Vi må stræbe efter at blive godhjertede og gavmilde. Vi skal ikke kun leve for vor egen skyld, men også tjene andre og aldrig glemme børnene, de gamle, de fattige, de lidende, de handicappede, flygtningene og de ensomme. Intet menneske bør nogensinde betragtes som en andenrangs borger eller på nogen som helst måde udnytte. Der skal være lighed i fællesskabet imellem mænd og kvinder. Vi må ikke på nogen måde begå noget, der er seksuelt umoralsk. Vi må lægge alle former for dominans og misbrug bag os.

Vi forpligter os til en kultur af ikke-vold, respekt, retfærdighed og fred. Vi vil ikke undertrykke, skade, tortere eller dræbe andre mennesker, idet vi opgiver voldshandlinger som middel til at bilægge stridigheder.

Vi må stræbe efter en retfærdig social og økonomisk orden, i hvilken alle får lige muligheder for at nå menneskets fulde potentiale. Vi må tale og handle sandfærdigt og med medfølelse, idet vi behandler alle ordentligt og undgår fordomme og had. Vi må ikke stjæle. Vi må sætte os ud over den dominerende grådighed efter magt, anseelse, penge og forbrug, for at skabe en retfærdig og fredfyldt verden.

Jorden kan ikke forvandles til det bedre, før bevidstheden hos enkeltpersonerne forvandles. Vi lover at forøge vores bevidsthed ved at disciplinere vore sind med meditation, bøn eller positiv tænkning. Uden risiko eller ofre kan der ikke ske nogen grundlæggende ændring af vores situation. Derfor forpligter vi os til denne globale etik - til at forstå hinanden og til socialt gavnlige, fredsfremmende og naturvenlige måder at leve på. Vi opfordrer alle mennesker, om de er religiøse eller ej, til at gøre det samme.

Vi kvinder og mænd fra forskellige religioner og egne af verden henvender os derfor til alle mennesker, religiøse og ikke-religiøse. Vi ønsker at udtrykke følgende overbevisninger, som vi er fælles om:

• Vi har alle ansvar for en bedre global orden.

• Af hensyn til menneskerettigheder, frihed, retfærdighed, fred og bevarelsen af Jorden, er vort engagement absolut nødvendigt.

• Vore forskellige religioner og kulturelle traditioner må ikke forhindre vort fælles engagement i at modsætte os alle former for umenneskeliggørelse samt vort arbejde for at fremme medmenneske-lighed.

• De principper, der gives udtryk for i denne Globale Etik, kan bekræftes af alle mennesker med etiske overbevisninger, hvad enten de er religiøst funderet eller ej.

• Som religiøse og åndelige mennesker baserer vi vore liv på Den Højeste Virkelighed, og trækker, ved tillid, bøn eller meditation, ved ord eller i stilhed, åndelig kraft og håb fra denne. Vi har et særligt ansvar for hele menneskehedens velfærd og for at drage omsorg for planeten Jorden. Vi betragter ikke os selv som bedre end andre kvinder og mænd, men vi stoler på, at den ældgamle visdom, der findes i vore religioner kan pege på vejen til fremtiden. Vi opfordrer alle mænd og kvinder, om de er religiøse eller ej, til at gøre det samme.

www.ingramcontent.com/pod-product-compliance
Lightning Source LLC
Chambersburg PA
CBHW070633050426
42450CB00011B/3176